살다 보니

살다보니

박중선 첫 시집

프롤로그

유년 시절은 대나무 향 그윽한 담양에서 평범하게 지내왔다. 젊은 시절에는 공인중개사 취득해서 부동산 관련 사업을 하기도 했다. 전국적으로 돌아다녔고 지금은 영종도에서 일을 하고 있다.

인생의 쓴맛 단맛 다 맛보며 앞만 보고 살아왔다. 지나고 보니 내 나이 벌써 육십 중반! 가슴은 광야이고 우울하다.

어느 날 지인의 소개로 대한민국지식포럼에 나가게 되었다. 예술과 문학, 창조 가치와 지식융합 등 다양한 프로그램에 어두웠던 가슴은 한 줄기 빛과 같았다.

그러던 중 시인대학이 있다는 말을 듣고 망설이다 입학하고 수료까지 했다. 박종규 지도교수님의 열정적 강의며 스물한 명 동기생 눈빛이 나를 사로잡았다.

시와 나하고는 완전 별개였다고 생각하며 살아왔는데 첫 수업부터 삭막한 내 가슴은 무너져 내렸다.

시인대학에 다니면서 지금껏 시를 하나하나 쓰면서 내 뒤안길을 돌아보기도 하고, 그 옛날 구닥다리 생각들을 끄집어내어 펼쳐 보기도 했다.

지금까지 순수한 마음으로 써온 시들을 모아 한 권의 개인 시집이 나오게 된다니 감개무량하다는 생각이 든다. 내 가슴은 이미 하늘땅 다 가지고 있는 듯하다.

함께 한 모든 분께, 특히 박종규 교수님께 감사함을 잊지 않고 살아가고 싶다.

**2024년 7월 중복 날
시인 박 중 선**

차 례

프롤로그/ 4
제1부 들꽃 인생/ 11

물고기 끝자락/ 13
부부/ 14
담배와 이별/ 16
이팝나무/ 18
자화상/ 20
기타와 약속/ 22
봄바람 불면/ 24
내비게이션/ 26
한과/ 28
들꽃 인생/ 30
멸치 생애/ 32
봄 내음/ 34

제2부 **인생 마침표**/ 37

봄을 그리는 산/ 39
수학여행/ 40
시냇물/ 42
발바닥/ 44
이웃집/ 46
명당/ 48
살다 보니/ 50
지금/ 52
인생 마침표/ 54
물음표를 던져 본다/ 56
여의도 시인대학/ 58
두 아들/ 60
뻥튀기/ 62

제3부 **시간을 먹는다**/ 65

시간을 먹는다/ 67
뿌리를 찾아서/ 68
민들레(1)/ 70
산들바람/ 72
언덕/ 74
딤섬 만두/ 76
수컷 매미/ 78
민들레(2)/ 80
오늘도 거짓말을 한다/ 82
대나무/ 84
흑백사진/ 86
산/ 88
봄소식/ 90

제4부 **정신 줄**/ 93

하늘 구름/ 95
보릿고개/ 96
셋방살이/ 98
아기 똥/ 100
풍향계/ 102
정신 줄/ 104
어머니/ 106
종점/ 108
가족사진/ 110
도서관/ 112
시골 버스/ 114
아버지의 여정/ 116
진정 하고 싶은 말/ 118
강은 마음을 비운다/ 120
푸른 연못/ 122

제5부 **잠든 잠자리**/ 125

무소유/ 127
민들레꽃/ 128
등댓불/ 130
잡초/ 132
다리/ 134
개울 물/ 135
매미가 우는 것은/ 136
청구리야/ 138
희망/ 140
그리운 별(1)/ 142
잠든 잠자리/ 143
그리운 별(2)/ 144
가을이 오면/ 146
고향/ 148

에필로그/ 150

제1부 들꽃 인생

물고기 끝자락
부부
담배와 이별
이팝나무
자화상
기타와 약속
봄바람 불면
내비게이션
한과
들꽃 인생
멸치 생애
봄 내음

물고기 끝자락

넓고도 깊은 바다
헤아릴 수 없는 크고 작은 물고기
신이 주신 생명력으로
바닷물을 마시기도, 뿜어 내기도 하면서
유유자적 오대양을 품는다

작은 고기는 겁이 많아 얕은 물가에서
큰 고기는 겁도 없이 넓고도 깊은 저 발아래
세상을 다 누빈다

물고기 가족 친지 친구 함께
희로애락 삶을 살아간다
여느 생명체가 그러하듯
삶과 죽음의 공식 안에 살아가지 않는가

그 찬란하고 영화로웠던 세월 지나니
생의 끝자락 살점 하나하나 떨쳐내면서
남는 게 앙상한 가시뿐이더라

부부

부부란 같은 글자니
같은 걸 보고 같이 걷고 이생에서
저세상까지 함께 가라는 말 아닐까

첨 본 사람 만나 연을 맺고
사십여 년 동고동락하니 어느새 노년 길에 서 있네

이 정도 살았으면 마누라 마음을
헤아릴 만한데 맨날 실수투성이다

마누라는 내가 하는 것
언제나 못마땅하다

칭찬은 관두고라도
야단 안 맞으면 다행이다

철없던 시절 지난 줄 알았는데
지금도 어쩔 수 없는 철부지

철들면 죽으려니 평생습관 아니 고쳐지네
코 곤다고 잔소리 잠꼬대 시끄럽다고
또 야단맞는다

어느 날부터 각 방쓰는 게 편하게 됐다
그래도 아침이면 마누라 냄새가 좋다

어디 나갈 새면 옷매무새 고쳐주고
밝은 얼굴로 손 흔들어준 마누라

그런데
우리 마누라는 나를 어떻게 볼까
없으면 좋은 사람
있어도 없어도 고만인 사람
없어서는 아니 되는 사람

그러자, 철이 없더라도 꼭 있어야 할 사람으로
마누라를 지켜 줘야 하지 않을까

담배와 이별

1980년 6월
춘천 103 보충대 신병교육대 입소한다

5·18 광주민주화운동 무렵
교관 조교 휴가도 반납한 험한 분위기
광주 병력이라고 뜨거운 여름날
뺑뺑이 연속 돌리니 연병장에 훈련병 마구 쓰러진다

제식훈련 각개전투 유격 등
지치고 있을 때 동료가 담배 한 개피
불붙여 내 입에 물린다

화랑 담배 목구멍 넘는데
'핑' 돌고 어지러워 하늘 쳐다본다

크리스천이라 군에서만 피우고
제대하면 끊겠다고 담배와 친구를 맺었다

온몸에 쌓인 니코틴 세상 구경 싫단다
금연 다짐은 수없이 하고
시도도 여러 번 했지만 공염불이다

실록이 푸르른 오월
호숫가 개구리 합창한다
순간 머구리와 눈 마주친다
나에게 충고 한마디 한다네

내 노래 오래 들으려면
지금 당장 담배 끊어

놀란 나는 뒷걸음치며
담뱃갑을 쓰레기통에 던졌다
담배와 이별의 순간이다

어느새 십 년이 지났고
살아가는 삶 중에서 가장 값진 일이라 자부한다

이팝나무

나무 위에 하얗게 내린 눈송이
오월이면 어김없이 반겨준 이팝나무

멀리서 보면 밥 한 그릇 흰밥
가까이 보면 힌 밥 알갱이

볼수록 내 혼은 꽃 속으로 파묻히네
슬픈 전설을 안고 살아가는 이팝나무

그 옛날
어느 며느리 시집와 시어머니 심한 구박 참으며
살아가는데 어느 날 제사상에 올릴 쌀밥 잘 되었는지
밥풀 몇 알 입에 넣다 들켜 시어머니 막말에
너무 서글퍼 뒷산에서 세상 떠난다

다음 해 그곳에 나무 한 그루
이팝나무 쌀밥 꽃 되어 탐스럽게 피어나더라

그래서인가
이팝나무꽃에는
벌 나비도 아니 온다네

자화상

살아온 인생 어느새 육십 중반
눈을 감아 본다 지난 세월
흑백영화 필름에 담아보니
삶의 뒤 안길이 펼쳐보인다

감은 눈떠보니 현실 세상은 우두커니
서있는 마네킹처럼 멍해져 있더라

천년을 살 것처럼 시간이 늘 있는 줄 알았는데
그만 젊음을 허송세월 탕진했네

늦나이 정신 차리니
삶의 의미가 뭔지 가슴 아파진다

이제라도 새 물감으로 희망을 그려보자
마네킹에 심장 심고 생각 머리 만들면 무얼 못하리

인생 지금부터다
여태껏 안 해본 것
음악 운동 시문학 봉사 등
할 게 지척이다

지금은 하루의 삶이 평생의 삶인 양 바쁘다.
지난날 자화상은 일그러져 그릴 수가 없다

이제부터 붓을 집고 한 점 한 점
내 모습을 그려간다.

언제 완성이 될지 모르지만
언젠가 그날
최선 다하면 진정한 자화상이 만들어지리라

죽는 그날까지
생의 최고의 내 모습 그려간다

기타와 약속

할베 통기타 둘러매고 학원 가네
어린아이 마음 지금의 내 모습이네

기타 맨 선생님 너무 멋지다.
배움 향한 학생들 호기심으로
눈망울 총총하네

기타를 몸으로 안아 보지만 어색하네
기타 코드 찾느라 왼손가락 정신없네

머리 따로 손가락 따로 어설프다
마음은 하나 기타 매고 가족 앞에서
폼나게 연주하는 꿈

기타 너와의 약속 지키기 위해
오늘도 열심히 열심히…

봄바람 불면

햇살 비친 창가에
바람 솔솔 들어온다

문 틈새 파고드는 바람은
오월의 봄바람이네

파란 하늘 나비구름 불어온 봄바람
아카시 향도 코끝을 자극하며 가슴 파고든다

뻐꾸기 날갯짓 아침 맞이하고
봄바람은 속살 내밀며 부끄러워한다

푸른 대지 싱그러움
오늘은 바람 땜에 이 마음도 청춘이네

창 너머 얼굴 내민 꽃향은
저 멀리 님 계신 곳 찾으러 간다

내비게이션

이른 새벽 아침
설렌 마음으로 몸을 깨운다

강원도 동해 골프 여행
소풍 가듯, 마냥 즐겁다

운전석 앉으니
내 눈은 내비게이션에 꽂힌다

낙산사 체력 단련장 글을 끄적이니
친절한 내비 언니 안내양 된다

어느새 고속도로
과속하지 마라, 졸음 운전하지 마라
쉬어가라 휴게소 안내 잔소리 끊임없다

4시간쯤 달렸을까
네비 덕에 목적지에 도착했다

길 안내 잘 해줘서 고마워 인사했다
무심한 내비 양 길 안내 종료합니다 하고 사라진다

변해가는 세월 속에
내 인생을 담아 본다

이제 내비 없이 길 찾아나서는 건
심봉사 아닌가

내비게이션의 고마움
옆자리 졸고 있는 마누라보다 훨씬 났다

한과

지난 과거의 시절로 돌아가
현실에서 어린 시절 꿈꾼다

할머니 손맛으로 빚은 한과
떡 반죽 한 줌 떼어
방망이로 널 치기 펼친다

농사지은 검정 보리로
엿기름 거르며
조청 만든다

조청을 한과에 바르고
쌀 튀밥을 뒤집어씌운다

향기 가득한 방안은
가족의 웃음꽃이다

들꽃 인생

인생에도 꽃이 있다

앙증스런 아기 꽃
화려한 어른 꽃
시들어간 노년 꽃

꽃 중의 꽃은 들꽃이 아니런가
저 산 바위틈에 비바람 견디면서도
하얗게 속살 내민다

이 들꽃도 향기 실어
바위 숲에 날리면 가을이 오겠지
이름 없는 작은 꽃이지만
하나님의 솜씨 아닌가

나의 삶도 들꽃이련다
누가 뭐라든 자신을 알고
들꽃 되어 꿋꿋이 살아가련다

멸치 생애

수많은 바다 생물 중에
우리는 멸치의 삶을 살아간다
조상 대대로 우리네 삶은
정해진 운명이었나보다

더 작아도 아니 된다
더 커서도 아니 된다
하늘이 정해 놓은 생명의 원칙이다

하지만 바다의 왕자인 고래보다
몸뚱이는 작지만 가슴은 크고 위대하다

모이는가 하면 흩어지기를 골백번
마냥 즐거우니 여행 삼매경 아닌가

일심동체
한 번도 흐트러짐이 없다
똘똘 뭉쳐 이곳저곳 아니 간곳없다

작지만 날렵하여 포식자에게
잡히지 않고 힘차게 살아간다

우리가 생을 마감하게 되면
몸통 그대로 인간에게 선물이 된다

인간은 우리를 반기며 환영해준다

우리를 냄비에 볶으니
멸치볶음이라 한다
구수한 된장찌개에 멸치가 없으면
무슨 맛이 있으랴

우리는
살아있어도 영광
죽어있어도 영광

'며르치'라고 얕보지 마라

봄 내음

차디찬 바람이
부드러운 바람 되어
볼을 스친다

어느새 가슴 속까지
묻어온 바람이
향긋한 내음으로
기분 설레게 한다

봄만이 안고 온 봄 내음
피어오른 버들강아지 바라보며
나도 덩달아
행복해진 내 마음

제2부 인생 마침표

봄을 그리는 산
수학여행
시냇물
발바닥
이웃집
명당
살다 보니
지금
인생 마침표
물음표를 던져 본다
여의도 시인대학
두 아들
뻥튀기

봄을 그리는 산

봄날 산에 오르면
콧노래가 절로 난다

속살 드러낸 진달래 개나리
산 찾아온 손님에게
어서 빨리 보여주려고 꽃잎부터 터트린다

연둣빛으로 물든 나뭇가지에
새들은 봄을 노래한다

산에서 풍겨 나온 냄새도 봄
콧속에 타고 들어온 봄 내음
어느새 내 가슴은 새 희망으로 부풀어 오른다

수학여행

깡촌 산골 마을
초등학교 다닌 지 46년이 지났건만
중학교는 없었던 그때

어느 날 중학교가 생긴다나?
내가 첫 입학생
수업은 하는 둥 마는 둥
학교 운동장 만들기로 시간을 보냈다

가로수 없는 신작로
우리들 어린 손으로 심은 나무가 메타세콰이어다
지난 50년 세월은 우렁찬 큰 나무로 세월을 품었다
지금은 담양의 명소가 되어 사람 들끓게 한다

중학교 2학년
수학여행 간다는데
배 곯던 시절 어렵사리
대형버스 2대로 2박3일 여행을 떠난다

설렘으로 가득
예산 수덕사 찍고
경주 불국사를 눈에 가득 담는다

하나하나가 새롭고 신기하기만 하다

지금도 그때의
빛바랜 흑백사진 속 추억을 새기며
그 시절 소년 되어
흐뭇한 미소를 지어본다

시냇물

산속에서 내어준 맑은 물
한 줄기 한 줄기 만나 모이다 보면
시냇물이 되네

고무신 신고
노란 주전자 들고
집 나선다

물 위로 얼굴 맞대고
물속 돌 위에 붙어 있는 다슬기 줍느라
정신 줄 놓는다

운 좋으면 가재도
몇 마리 들어 온다

음력 오뉴월이면 동네 아이들
맨몸으로 멱감으며 시간에 묻힌다

하얀 겨울이면 아버지가 만든 썰매로
시냇물 꽁꽁 언 얼음 위를 신나게 달린다

시냇물은 나의 영원한 고향이다

발바닥

몸뚱어리 저 아래 끝
발바닥이 있다

오늘 하루도
온종일 바쁘기만 하다

주인님 가자는 대로
말없이 나선다

새벽 일찍이 뒷동산
산책하느라 발바닥은 쉼도 없이
땅과 접촉하며 교감한다

오늘은 주일 날
몸은 교회로 향하는데
발바닥은 즐겁기만 하다

수많은 세월
땅을 밟고 콘크리트 바닥도 밟으며
어디든 다니면서도 행복해한다

주인님 기쁘게 해주려고
오늘도 발바닥은 주인님만 보면서 걷는다

이웃집

어린 시절 고향은 깡촌 마을
아부지 엄니 오 남매 한 지붕 아래
우리는 제비 가족이다

동네 이웃 사람들 사는 게
고만고만하다

부엌살이 살림
그릇 몇 개 숟가락 몇 개
다 알고 있다

이웃 아줌마 맛있는 반찬거리 있으면
환한 얼굴로 맛 좀 보라며 손을 내민다

TV도 없던 시절
까만 어둠이 내리면 밤마다 이웃집 아낙네들
우리 집에 모여 밤새 이야기꽃 피운다

지금의 나는 아파트 산 지 오래다
그런데도 이웃이 없다
어린 시절 동네 이웃 동네 친구
그리워진다

명당

인간은 이율배반의 삶을 살아가는
동물인가 보다

약하면서도 강한 채
허세의 틀을 벗지 못하고
억지로 힘겨워 사는 존재

출세고 돈이고 명예마저도
아니 생을 다한 못자리마저도
명당자리를 찾아 헤맨다.

목적에 따라 보기 좋고
사용하기 좋으면 그곳이 명당이지
명당이 따로 있나
허허허

살다 보니

잘난 사람 못난 사람
고운 사람 미운 사람
많기도 하더이다.

한세상
천년만년 살겠다며
네것 내것 찾더이다

마음 비워 가벼이 살면
무릉도원 내 몸에 있더이다

청춘이 어제인데
주름진 백발의 모습

되돌아보니
잊지 못할 그날들
정주고 반기던 그 눈빛이
한없이 그립더이다

앞으로
더 그럴 터인데…

이렇게 한세상
살다 가는 거지, 뭐 있어!

지금

과거 현재 미래는
지금 '여기'라는 시공의 뒤안길

지금
또한 생애 단 한 번뿐인
오늘이고 순간이란 존재

헛되이 보냄이 아픔이니
기쁨으로 노래하리라

진리와 희망을 위한 삶에
조건 없는 사랑으로 영혼을 불사르자

지나면 후회스러울 것이니
다가오는 날에 희망의 날개 달아보자

진심으로 행동하고
변명 없는 땀방울로 살아가자

삶의 주역인 나
숨 쉬는 지금, 이 순간을
경이롭게 간직하자

생명 그 자체
사랑의 기쁨으로 충만하리라

인생 마침표

나의 소중한 친구
60대 중반의 나이
베이비부머 세대의 삶을 살아간다

조실부모 후 홀로서기 60여 년
뒤돌아볼 새 없이 앞만 보고 달려왔다

꼬깃꼬깃 모으다 보니
먹고는 살만한데도
건강검진 한번
받아 보지 못했던 바쁜 세월

웬일인가
맑은 하늘에 날벼락이 친다
간암 말기
나머지 삶, 5개월이란다

속이 뒤집혀 울고 울어 보지만
하늘은 세상과 이별하란다

장례식장
초등 동창들 허망하여 말문조차 닫는다
인생 마침표가 이런 건가

물음표를 던져 본다

22대 총선도 끝났다
가슴 언저리 답답하고 허전한 맘
나 혼자만일까

여고 야고 막론하고
상대 후보
약점만 내세운 선거 유세
한심스럽다

듣고 싶은 현실적인 제안은 없고
상대방 비방만 하며 끌어내기 혈안이다

과연 이런 사람 국회의원 되면
국민을 대표하여 정치를 잘 할 수 있을까
그대에게 물음표를 던져 본다

나도 국회의원 후보 되어
유세하면 저들처럼 되지 않을까
그대에게 물음표 던져 본다

여의도 시인대학

일주일 중
기다려지는 하루
목요일이다

인천에서 전철 타고 나서면
여의도 국회의사당역에서 내려
이룸빌딩 2층에 가면 아늑한 강의실이 있다
시인대학 공부하러 온 학생들 표정이 밝기만 하다.

나를 감동시킨 그 분
박종규 교수님
팔순의 연세에도 불구하고
강단에 서면 눈빛이 빛나고
말에 생동감이 넘친다

아아
나도 이분처럼
멋진 삶을 살아보리라
동기부여부터 된다

나는 그래서 여의도에 가는 걸
좋아하고 또 기다려진다

나의 인생길도
이렇게 좋아하며
또 뭔가 기다리며 살아가길
기도해 봅니다.

두 아들

결혼 4년 동안 태가 열리지 않아
걱정하면서 하나님께 기도한다
예쁜 공주 갖게 해 달라고

간절한 기도 들어주셨는지
태의 열매 맺었다

기다리고 기다린
열 달 후
꼬추 달린 사내아이다
그래도 감사하면서
둘째는 꼭 딸을 갖게 해 달라고 기도한다

하늘은
내 편은 아니었다
또 꼬추다

시간은 흐르고 네 살 터울
두 아들이 성장하면서 형제애가 남다르다

둘째는 지금도 딸처럼 다정스럽다
지금의 두 아들 집안의 복덩이다

뻥튀기

시골 읍내 오일장
할머니 손잡고 장날 나들이한다

신이 나서 어깨춤 춘다
볼거리 천지다

저만치 들려오는
뻥튀기 소리 따라
달려가 본다

신기하기만 하다
쌀을 넣고 튀기니
속살 하얀 쌀 튀밥이 된다

강냉이 넣고 튀기니
팝콘 되어 광주리를 가득 채운다

장안에 온통 향기가 퍼져
코가 행복 나눔을 한다

지금도 뻥튀기 장면을 보면
어릴 적 향수가 가슴 따뜻하게 다가온다

제3부 시간을 먹는다

시간을 먹는다
뿌리를 찾아서
민들레(1)
산들바람
언덕
딤섬 만두
수컷 매미
민들레(2)
오늘도 거짓말을 한다
대나무
흑백사진
산
봄소식

시간을 먹는다

시간 속에 묻혀서
조금씩 조각내어 먹으며
시간 속에서 걷는다

얼마 남았을까
자주 들여다본다
먹어버린 시간보다
작게 남아 있다는 것을

시간 속에 묻혀서
아픔도 그리움도 알았네
사랑이란 말도

지금, 이 순간도
시간 속에 묻혀서
시간을 베어 먹으며
어디론가 가고 있다

뿌리를 찾아서

아버지 세상과 이별한 지
어언 20여 년

우리 집 족보가 새삼 궁금해졌다
박씨 본관만 159개라 한다

그중 나는 본관이 진원 박가이다
바보처럼 살았다
내가 몇 세손인지도 모른 채

찾아 나섰다
장성군 진원면 집성촌 마을
물어물어 문중의 총무를 만나니
눈과 귀가 번쩍 뜨인다

멀리서 찾아왔다고
문중 집안 내력 거침없이 쏟아낸다

아버지 22세손 나는 23세손
때 늦은 나의 조상 뿌리 찾고
후손에게 알려 주려니 가슴 뿌듯하다

민들레(1)

봄은 오는가 싶더니
가는가 본다

아파트 구석진 그늘 아래
봄소식을 부끄럽게 알리며
뽀얀 살 내민 민들레

도란도란 속삭이다
샛노란 입술로
소박한 미소 담는다

봄바람에
앞날을 맡기고
꽃 피우다
파르르 떠는 민들레

산들바람

산들바람이
숲속을 지나오면 녹색이 되고
꽃 속을 지나면 꽃 내음 실어 온다

방금 나에게 스쳐 간 바람은
무슨 색이었을까
녹색의 향기였으면 좋겠다

힘들고 방황하는 영혼들에게
포근한 안식 되어
새 힘 솟는 마중물 됐으면

머물고 간 산들바람이
어둠을 깨우고
세상 가득히 퍼지는
싱그러운 새벽바람이 됐으면 좋겠다

언덕

내겐 항상 언덕이 있었고
육십 중반 넘은 오늘에 이르기까지
기댈 언덕이 있었다

가족을 떠나 군대 생활할 때도
직장에서 많은 사람 만날 때에도
어김없이 언덕은 있었다

혈연 지연 학연이 아닐지라도
우연히 만난 사람 중에도
든든한 언덕일 때가 있었다

기댈 사람이 없으면
달도 별도 내겐
언덕이 되어 주셨다

산도 강도 바다도
내겐 더없이
고마운 언덕이었다

하늘이 있어 땅이 있어
나는 외롭고 슬프지 않았다

지나고 보니 언덕은
내가 바라는 만큼
필요한 만큼 있었다

딤섬 만두

인천 자유공원 아래 산마루 등에 이고
차이나타운 거리가 있다

온통 중국 음식점 중국 만두
먹거리가 즐비하다

장가간 아들 식구들이
딤섬 만두 먹으러 가자 한다

쬐그만 가게 맛집이라
사람이 즐비하다

한참을 기다리니
소롱포 딤섬 만두…
알지도 못하던
각종 만두가 눈 앞에 펼쳐진다

처음 먹어 본 맛인데
맛이 죽여준다.
추가에 추가, 배 터진다

지금, 이 시간도 생각나
침이 고인다
담에 꼭 들리리라

수컷 매미

흙 속에서 칠 년
답답 지루한 땅속 벗어나
세상 나오니 열흘만 살라 한다

수컷 매미로 태어난 나
새색시를 만나야 한다
색시는 저만치 떨어져 있는데
나에겐 관심조차 없다

두 눈 크게 뜨고
날 봐주라 하면서
목청 터지게
노래한다

새색시
내 곁으로 살포시 와 앉았다
반가워 온몸을 부르르 떨며
첫날밤을 치른다

짧은 세월 일생 마친 나는
다음 세대를 위하여
기꺼이 허물이 된다

민들레(2)

날아라
민들레꽃 고운 심성
백 리라도 날아가서 씨를 뿌리네

실바람에 한 톨 한 톨
센 바람에 무더기로

산과 들 바위틈 마다하지 않고
노랑꽃 무리 속에 드문드문 흰 꽃송이
먼저 앉은 순서대로 피어나네

잃어버린 입맛
찾아 주려나
날자, 또 날자
나의 사랑 민들레여!

오늘도 거짓말을 한다

지난밤 늦게 자서
눈이 잘 안 떠지는데
아침 기지개 켜면서
잘 잤다 한다

아침밥 입맛이 없어
먹는 게 없는데
잘 먹었다 한다

마누라 외출할 때
오늘 참 예쁘다
옷이
잘 어울린다 말한다

친구가 놀러 가자 한다
요즘 바빠서
못간다 말한다

모두가 거짓말
오늘도 거짓말을 한다

나의 생존 수단법 중의 하나

대나무

내 고향 담양
그중에 산골 마을
온통 대나무밭이다

바람이 불면
사그락사그락 댓잎 연주자 되어
바람의 노래를 한다

비가 오면
수줍은 아낙네인 양
아래 바라보며 빗물 털어 낸다

대나무
마디마다 사연 담는다
자기만이 간직한 비밀 사연

사시사철 푸른 대나무
곧고 의연하게
하늘만 향해 뻗어간다

흑백사진

사진을 본다
청보리밭에서 한 소년이 포즈를 취한다
아늑하게 되살아나는 흑백의 수채화

우리는
형체 없는 경계선에 가로막혀
긴 세월
흘러만 가고 있다

친구야
햇살 명료한 날
병풍 삥 둘러놓고
우리 정답게 손잡고
한 장의 흑백사진을 찍어 보자구나

산

산은 우리들 안식처
움직이지 않고 덩그렇게 앉아
사계절 옷을 갈아입는다

새들이 사랑하고 입 맞추고
나무끼리 정겹게 팔 벌려
산과 산이 어깨동무한다.

산에 올라
산에게 물으니
시인은 시를 쓰라 하고
가수는 노래 부르라 한다

산에 올라 마셔보는
맑은 바람과 피톤치드
마음껏 누리려 한다

봄소식

뒷동산 걷다 보니
꽃나무 가지마다
꽃망울 터트릴 준비에 바쁜 듯하다

목련 진달래 산수유…
봄을 알리려는 듯이
봉오리마다 수줍어
봉긋 솟아올랐다

비어 있는 내 가슴에도
새 희망 가득 채우고
어렸을 적 친구 만나
기쁜 소식 전하고 싶다

제4부 정신 줄

하늘 구름
보릿고개
셋방살이
아기 똥
풍향계
정신 줄
어머니
종점
가족사진
도서관
봄소식
시골 버스
아버지의 여정
진정 하고 싶은 말
깅은 마음을 비운다
푸른 연못

하늘 구름

드높은 하늘
펼쳐진 구름은
상상 속 그림되지요

강아지 양때 모습
하늘의 예술가

구름은
그늘이 되어주고
비를 부르기도하지요

하늘 구름은
자연의 최고의 선물

보릿고개

보릿고개 너머
하늘바람 스친다

작은 새들 하늘에 수 놓고
보리 숲은 바람에 일렁인다

보릿고개
아픔과 질곡의 역사
초근목피 배 채운 그 시절

사는 게 아니라
살아가야만 했던 춘궁기

꿈과 희망 새기며
열심히 살았노라

지금은 삶의 풍요 속에
보릿고개 전설이 된다

셋방살이

서울 어느 변두리
산기슭 집 하나

주인집 방 건너 쪽방
신혼살림이다

지친 몸 이끌고 퇴근하면
방 하나 덩그렇다

고운 색시 환한 미소 반겨준다
알콩 달콩 깨 쏟이진다

생각하면
그 시절 그립다

아기 똥

두 살배기 손녀
'응가' 한단다

할아비!
나 응가해
귀염 얼굴 힘 들어간다

부끄러움이 뭔지 모른다
엉덩이 감싼 기저귀
통통 뛰노는 손녀딸

보기만 해도
사랑스럽다

풍향계

바람 부는 대로
얼굴 내민다

봄바람은 부드러움 되어 움직이고
여름 바람은 소낙비에 젖어 무겁다

가을바람은 쓸쓸하고 허전하다
겨울바람은 하얀 눈보라 힘차다

바람 없는 날은
묵묵히 잠든다

누구의 지시도 없지만
바람 부는 방향
그대로 틀림이 없다

바람만 바라보는 풍향계
자연의 진솔한 안내자
삶의 기준이 되어 가는 풍향.

정신 줄

시인대학 가려고
주안역에서 전철을 기다린다

어디들 가는지
수많은 사람
표정이 제각각이다

급행열차가 온다
차 문 안으로
빈자리 두어 개 보인다

동작 빠른 아줌마
성큼 달려 자리하며 흐뭇해한다

의자에 앉은 사람들
약속이나 한 듯
스마트폰에 두 눈을 담는다

열한 개 역 지나니
노량진역이라 안내방송 나온다
국회의사당역 갈아타려
달리는 발걸음 바쁘다

정신 줄 놓으면 아니 된다
꼭 9호선 일반 열차 타야 하니깐
나이 들수록 정신 줄은 필수품이다

바짝
차리며…
정신 줄 놓지 말고…

어머니

고요한 이른 새벽
요양원에 계신 어머니
하늘로 가셨다는 잠결에 받은 전화

하루하루 긴장 상태였지만
초저녁 마신 술이 깨고
마음은 급해진다

며칠 전
나를 희미하게 알아보셨는데

어머니 가슴 깊은 곳
스물여덟 살에 떠난 막내아들
늘 품에 품고 살아야 했고
손끝이 닳고 문드러져 아팠지만
헌신적인 삶이 자식들을 지켰다

어머니, 어머니!
눈물 범벅 콧물 범벅 소리쳐 불러도
귓전에 맴도는 다정한 목소리

"아들아, 왜 이제야 오느냐? 못난 놈!"
누워있는 어머니 모습
편안하고 고우셨다

이젠
어디에서도 찾을 수 없는
보고픈 어머니
나의 가슴 깊은 곳에
묻어야 할까 보다

종점

버스만이 종점이 있는 줄 알았는데
가만가만 오늘에야
인생에도 종점이 있구나

종착점에 다 달으니
인생 숙제 내놓으라
닦달하신다.

아직은 아니야
좀 더 기다려 봐
나 혼자 앙탈 부려 본다

정신이 든다
종점은 내가 만드는 게 아니라는 걸

지금, 이 순간
인생 숙제 충실히 해야 함을
깨우쳐 준다

가족사진

사진관에 가족이 모인다
재잘재잘 표정이 밝다

제비네 가족처럼
옹기종기 앉아 포즈를 취한다

사진사 손동작 따라
웃으며 표정을 바꾼다

'찰칵' 소리가
공기를 뚫으니
순간
하얀빛이 섬광처럼
밝게 퍼진다.

가족사진 한 장으로
사랑 가득
행복 가득 채운다

도서관

지난 세월
돈만 벌다 여기에 와 있다

책은 이미
담쌓은 지 오래

인하대학교 정보학술원 도서관에
등록하러 간다

난생 처음 보는 수많은 책들
학생들은 책상 위에 펼쳐진
책을 보며 진지하다

보고픈
책 한 권 꺼내 자리했다

가슴이 뭉클해진다
이제라도 공부라는 걸, 하는구나

남은 인생
삶의 방향
나침반이 되어보리라

꿈이 현실이 되니
어느새 마음은 풍요로워진다

시골 버스

풋보리 향기가 출렁이는 봄날
호젓한 산길을 달리는 시골 버스
반기는 민들레 웃음으로
언덕을 가볍게 오른다.

저마다
애틋한 사연을 차창에 달고 가는 사람들,
읍내 오일장의 나들이가 속도를 재촉하고
산다화 밝은 웃음이 지난 그리움으로 출렁거린다.

수다를 떠는 지긋하신 할머니
청상의 안타까운 사연이
꽃바람에 섞여 아장거리고,

느슨한 햇볕의 하품은 아랑곳없이
우리네 삶의 애환을 싣고
달리는 시골 버스.

외딴 마을 삼거리 정류장에 이르러
외롭게 선 기러기 솟대 하나,
누구의 인생길을 안내하려는지
길게 뽑은 목울대가
지평의 끝에서 외롭게
넘실댄다.

아버지 여정

아버지!
불러보지만 대답이 없다
하늘에서 나를 바라보는 듯하다

나 어렸을 때부터 보던
흰머리 작은 체격 말수도 적었던 아버지

그 시대는 그랬던가
결핵으로 한 평생 기침을 친구 삼기까지

칠순 잔치 앞두고
칠십 이른 봄
세상과 이별한다

불쌍한 내 아버지
당신은 늘 힘들게
우울하게 사셨다

어느새 나도
아버지가 되어 있다
밝고 당당한 아버지가 되려 한다

진정 하고 싶은 말

가슴 깊이 간직했던 한마디의 말
진정하고 싶었던 말
그가 떠난 뒤에
문득 후회한다.

이미 내 안을 들여 보았을까
빨간 혈관 사이에
촘촘히 박힌
사랑하고 있다는 것을

투명한 유리관 속을
들여다가 보듯
알고 있었기를

너를 사랑하고 있다는 것을

강은 마음을 비운다

나무는 열매가 익으면 열매를 버리듯
강은 물이 가득 차면 강물을 버린다

오직 바다만이 살길이라
그 하나만 믿고
온갖 흙탕물도 바다로 보낸다

강은 비워지는 제 마음에
언제나 푸른 바닷물로 채운다
꿈틀거리는 낮이나 별 헤는 밤이나

마음이 비워지는 만큼
채워지는 기쁨이 행복이 되는 것을
강은 보여주고 있다

푸른 연못

여름 햇볕은 무더웠고
연못의 물은 조금씩 마른다

님께서 만들어준
내 마음속 푸른 연못

님 떠나자
물은 마르고 마음은 황무지인데
어떻게 살아야 하는가

사랑이여
목이 타오르는데
어떻게 살아가야 하나

제5부 잠든 잠자리

무소유
민들레꽃
등댓불
잡초
다리
개울 물
매미가 우는 것은
청구리야
희망
그리운 별(1)
잠든 잠자리
그리운 별(2)
가을이 오면
고향

무소유

어떤 누구나
어머니 뱃속에서 세상에 나오자마자
주먹을 꼭 쥐는 습성을 배웠지요

혹 누가 찾아와서
악수를 청해도 덜컥 겁을 내지요
주먹을 펴고 산다는 게 두려운 거죠

손바닥에 물 몇 방울 올려놓고
주먹을 쥐어 보세요
사랑은 감금당하기 싫어서
사방으로 달아나 버리잖아요

그것 보세요
인생도 마찬가지지요
꼭 쥔 주먹 펴고 살아요

민들레꽃

한 여인네가
노란 민들레꽃을 꺾었네

길모퉁이에 피어 있어도
아름다운 꽃

냄새가 없는 듯 향긋한 내음
여인은 꽃을 보고 기뻐했네

늘 꺾이지 않고
슬픔이 없는 기쁨만을
바라지 않았기에
민들레는 한숨 쉬며
그냥 웃어만 주었네

민들레 하얀 씨앗은
가을 하늘로 날아간 뒤
오래오래 기억하라고
봄날 민들레꽃은
여기저기 피어 있네.

등댓불

바닷가 언덕 위에
등댓불 하나
길 떠난 배들을 불러들인다

마음이 어두울수록
등대 불빛은 더욱 빛난다

어둠 속에서
당신은 저기 저 빛이었고
늘 살아있는 빛인데

왜 나의 인생은 깨닫지 못했나

한 사나이가 그 빛을
가슴에 담고 돌아간다

빛에 가까이 가야 할 길이
아직 남아 있기 때문이다

잡초

당신은 내가 잡초라고
뽑아 버리고 싶어지겠지요

잡초가 무성해도 탈이고
아무리 뽑아도 다시 돋아난다고
뿌리를 탓 할 수 있나요

잡초가 없다면
흙이 부드러워지지 않지요

비가 온다면
잡초 없는 흙은 떠내려가고

메마를 때는
바람이 흙먼지를 풀풀 날릴 테니
정말로 잡초 없는 세상 있을까요

아름다운 꽃은
무성한 잡초 속에서도
꽃향기 그윽하게 가득 채워요

다리

님께서
나를 가만히 불러 준다면
강을 만나도 두렵지 않아요

난
님의 다리 되어
어디든 달려갈게요

님께서
저 별빛 뒤에 숨은 다 해도
찾아낼 수 있어요?

난
별과 별 사이
은하수 다리를 놓을 테니까요

개울 물

높은 산 오르려고
나는 산을 택했더니
개울물은 낮은 곳을 향해 흐르네

가파른 산을 오르면서
나는 쉬엄쉬엄 다시 오른다

개울물은 욕심도 없이
가벼운 몸으로 저 아래
낮게 낮게 흐른다

나는 진땀 흘리며 올라가는데
개울물은 땀도 흘리지 않고
시원스레 흐른다

나도 개울물이 된다면
행복하겠지

매미가 우는 것은

황폐한 산과 들
의지할 숲 없는데

황급히 울어 대던 그 매미가
찌는 무더위를 식히려는가

오늘은 도시의 공원
나무에 매달려 온몸으로
울음을 토해낸다

사람 사는 주변에서
저 매미가 죽기 살기로 울어대는 것은
필경 무슨 사연이 있으리라

님 불러들여
신혼의 쾌락을 얻으려는 소망 말고
숨은 연유가 깊숙이 침전되어 있으리라

청개구리야

청개구리야
울 엄마 계실 때는
너의 이야기 듣고
티 없이 웃었더라

청개구리야
울 엄마 돌아가니
나도야 너를 닮아
궂은 날씨 서럽더라

청개구리야
비 오거든 덮어주고
눈 오거든 쓸어주고

너 마음 미처 몰랐구나

희망

아지랑이 뭉게뭉게 피어오르고
동토가 해동되는 봄이 오면
고달픈 생활 속에서도
가슴에 묻어둔 작은 꽃씨 하나
싹 틀 날을 기다린다

눈보라 휘몰아치는
비탈길을 걷는 세월에도
봄이 온다는 희망에 기대어 본다

칠흑의 밤하늘에
북두칠성이 방향을 제시하듯이

흔들리는 인생길에
희망 하나가 등대가 된다

인생길에 포기할 수 없는
희망이 있다는 것은
세상이 아름다운 까닭이다

그리운 별(1)

당신의 음성은 늘
내 가슴에 메아리 되어
그 미소로 그립습니다

당신을 사랑하는 동안
홀로 울었습니다

세월이 흩어져도
못 잊을 그 모습
내 가슴의 꽃이 되었습니다

그리운 날은
밤하늘 별을 봅니다

잠든 잠자리

깊은 계곡 개울물 위에서
떠내려가는 나뭇잎 하나
가기 싫어서 맴돌고 있네

그 나뭇잎 위에서
잠자리 한 마리
잠이 들었네

잠자리는 한 낮인데도
빙빙 돌아가는
놀이동산 꿈을 꾸겠지

그리운 별(2)

그리움에
시가 되고
그대 음성은

늘 내 가슴에 메아리 되어
세상의 슬픈 시를 노래하게합니다

하여
그대 사랑하는 동안
외롭게 웁니다

희망 없는 세월은 무너져도
못 잊을 그 모습
여태껏 사랑하고만 있습니다

지금도
이 가슴에 강물처럼
그리움 가득한 날은
밤하늘의 별을
다시 헤아려봅니다.

가을이 오면

오월엔
아카시아 내음으로 오시더니

유월엔 아싸한
밤꽃으로 오시는군요

칠 팔월 한여름은 장대비로 오시렵니까
장마 뒤 불볕으로 오시렵니까

그럼, 구월 가을엔
무엇으로 오시렵니까

하늘이 말갛게 청명을 펼치며
뚝 뚝 떨어지는
가을 낙엽으로 오시렵니까

고향

심산유곡 하늘도 높다
계곡에 흐르는 맑은 물소리
자장가 노래이다

가난해도 수채화 마을
소나무 우거진 뒷산에는
내 누울 자리는 있다

고향에 집을 짓고
시를 쓰고
고향 그윽한 냄새에 취해
잠들고 싶다

에필로그

바람개비는
바람과 함께 살아갑니다.
바람이 없으면
바람개비가 아닙니다.

봄바람이 불어오면
바람개비는
부드러운 몸짓을 합니다.

겨울바람이 불어오면
바람개비는 눈보라 밀려도
맞서며 역동적인 몸짓을 합니다.

미풍과 순풍도 불어오지만
때로는 폭풍이 몰아칠 때도 있긴 합니다.

바람개비는 모든 바람
다 받아들이지만 부러지지는 않습니다.

지난날을 곰곰이 되돌아보니
우리네 인생도 바람개비입니다.
순응하며 사는 게 최고인 줄 압니다.

이제 나에게 있어
시를 쓰는 것도 순응하며 사는 것이라고
믿고 싶습니다.

뒤늦게 시작한 시 쓰기 작업
내 인생을 풍요롭게 해주리라 확신합니다.
감사, 거듭 감사드립니다.

2024년 7월 29일 매미 울음소리를 들으며
시인 박 중 선

초판 인쇄	2024년 08월 06일
초판 발행	2024년 08월 09일
지은이	박 중 선
발 행 처	다담출판기획 TEL : 02)701-0680
	서울시 영등포구 영신로30길 14, 2층
편집인	박 종 규
등 록 일	2021년 9월 17일
등록번호	제2021-000156호
ISBN	979-11-93838-21-1 03800
가 격	15,000원

본 책은 지은이의 지적재산이므로 무단전재와 복제를 금합니다.